Explorando el patio de recreo de OpenAI: Liberando la creatividad con la IA.

Explorando el patio de recreo de OpenAI: Liberando la creatividad con la IA.

Por: Aaron Cockman

Serie: "Estrategias más inteligentes para los negocios modernos"

Versión 1.1 ~ marzo de 2025

Publicado por Sherry Lee en KDP

Toda la información de este libro ha sido cuidadosamente investigada y verificada para comprobar su exactitud. Sin embargo, el autor y el editor no garantizan, ni expresa ni implícitamente, que la información aquí contenida sea apropiada para cada individuo, situación o propósito y no asumen ninguna responsabilidad por errores u omisiones.

El lector asume el riesgo y la plena responsabilidad de todas las acciones. El autor no se hace responsable de ninguna pérdida o daño, ya sea consecuente, incidental, especial o de otro tipo, que pueda resultar de la información presentada en este libro.

Todas las imágenes son de uso libre o se han comprado en sitios de fotos de archivo o libres de derechos para uso comercial. Me he basado en mis propias observaciones, así como en muchas fuentes diferentes para este libro, y he hecho todo lo posible para comprobar los hechos y dar crédito donde corresponde. En caso de que se utilice cualquier material sin el permiso adecuado, póngase en contacto conmigo para que se pueda corregir el descuido.

INTRODUCCIÓN.

La inteligencia artificial ha sido uno de los artilugios más rápidos en revolucionar este mundo de la tecnología. Con el tiempo, algunas otras innovaciones han tenido esta velocidad y un auténtico revuelo. El futuro que antes parecía ciencia ficción está al alcance de la mano para redefinir nuestra forma de pensar, crear y navegar por nuestro mundo.

En cuanto a la IA, uno de los líderes armados de guerrilla en investigación y desarrollo de IA, OpenAI, ha democratizado tanto el poder de supercomputación de la inteligencia artificial que se puede aprovechar su inalcanzable e impresionante poder utilizando simplemente un ordenador.

Entonces, ¿cómo se empieza a sumergir los pies en las aguas de esta tecnología de vanguardia?

¿Cómo se progresa en el GPT-3 y el GPT-4 sin convertirse en un loco delirante de la complejidad?

Eso es precisamente en lo que te ayudaré con este libro: Explorando el OpenAI Playground.

El Playground de OpenAI es un espacio interactivo donde cualquiera, ya sea desarrollador, artista, escritor, emprendedor o simplemente un entusiasta de la IA, puede jugar con los nuevos modelos de OpenAI. En esencia, es un espacio de pruebas donde puedes experimentar con ideas, ajustar la respuesta de la IA tal y como se presenta ante ti y crear cosas increíbles, todo sobre la marcha. No se necesita experiencia técnica.

El Playground es un hogar para todos; si estás buscando producir algo de escritura fresca, llevar tu automatización a un nivel superior u obtener técnicas con la generación de código, el Playground es para ti. Pero sumergirse en el abismo de OpenAI es abrumador. Cuando las herramientas son abundantes en profundidad y amplitud, te preguntas, ¿qué hago a continuación en OpenAI? Y es por eso que este libro existe.

Exploraremos el OpenAI Playground y revelaremos cómo desbloquear todo su potencial con tutoriales divertidos y accesibles. No te preocupes; esta es tu guía práctica de aventurero, no un aburrido manual técnico.

Para todos aquellos que intentan construir un chatbot, armar una aplicación de IA o maravillarse de lo geniales que son las perspectivas en la madriguera del terror del aprendizaje automático en Exploring OpenAI Playground, serás mi fiel compañero en el camino.

El corazón de este libro es una experiencia sobre el juego con los modelos de OpenAI y el descubrimiento de lo abiertos y sofisticados que son. Lo verás muy pronto; hay un sinfín de posibilidades. Puedes construir una IA para escribir un poema, descripciones de productos o cualquier cosa relacionada con la toma de decisiones complejas.

¿Quieres desarrollar IA como asistente para tu aplicación web o móvil? Está ahí para que la cojas. Como principiantes en este Playground, te ayudaremos a entrar directamente en el mundo de la IA sin conocimientos técnicos.

En este libro, repasaremos todo lo que necesitas saber sobre la interfaz con los modelos de OpenAI, desde el aprendizaje de los conceptos básicos de texto hasta la introducción de técnicas más complejas como la elaboración de mensajes y la generación de código.

Hablaremos de cómo ajustar las respuestas de la IA a tu gusto, qué configuraciones y parámetros deberías probar y cómo crear aplicaciones de IA que sean importantes con su colosal funcionalidad. Pero este libro no terminará ahí; también te inspiraremos a imaginar lo que hará la IA a continuación y nos aseguraremos de que tengas una visión de lo que se avecina, la próxima ola de innovaciones.

El Playground de OpenAI es un universo de posibilidades. Tanto si eres un principiante curioso, un desarrollador que quiere aprender más o un emprendedor que quiere poner en marcha la IA para sus necesidades empresariales, el Playground ofrece infinitas oportunidades.

Al final de este libro, podrá experimentar con flujos de IA, ajustarlos para que se adapten a sus necesidades y esforzarse por conseguir lo que parece imposible. Saldrá de aquí sintiéndose poderoso, después de haber jugado con una tecnología de vanguardia que es divertida, satisfactoria y mucho más accesible.

¿A qué espera? OpenAI Playground está a solo un par de clics. Con nuestro primer experimento, nos

adentramos en el horizonte infinito de la Inteligencia
Artificial.

CAPÍTULO 1: VISIÓN GENERAL DEL OPENAI PLAYGROUND.

OpenAI Playground es tu mejor amigo. Es una plataforma potente y fácil de usar que permite tanto a aficionados como a profesionales jugar con los modelos de IA de vanguardia de OpenAI (GPT-3 y 4, que son mis favoritos actualmente).

Es un entorno de pruebas en el que puedes probar la IA en vivo como un humano. Puedes preguntar y manipular la inteligencia artificial en tiempo real para crear respuestas, generar texto o hacer aplicaciones personalizadas sin necesidad de programar. Es un lugar destinado a inspirar ideas creativas e innovadoras.

Tanto si eres estudiante, emprendedor, desarrollador o incluso un profano interesado en la IA, Playground te ofrece todo lo que necesitas para jugar y revelar el verdadero poder del modelo de IA. Podrías escribir poesía e incluso ensayos, crear chatbots conversacionales o soluciones de código en tan solo unos clics. Exploremos sus características a continuación:

A. Funciones de OpenAI Playground.

1. Interfaz fácil de usar.

OpenAI Playground está diseñado para el usuario común. El diseño es sencillo y el flujo de información es simple, lo que da lugar a una experiencia de usuario que es una de las más accesibles tanto para principiantes como para expertos. En Playground, se obtiene un campo de texto con ejemplos de lo que se puede introducir y las respuestas generadas por la IA casi en tiempo real.

2. Varios modelos de IA.

Una de las cosas más impresionantes de Playground son los diversos modelos GPT-3 y GPT-4 de OpenAI a los que te permite acceder. Los diferentes modelos tienen diferentes puntos fuertes.

Por ejemplo, GPT-3 es muy bueno escribiendo texto que suena humano, y GPT-4 te da respuestas que se acercan a la verdad real y a los matices. Puedes cambiar entre experimentos y modelos con lo que mejor funcione para tu objetivo final, ya sea depuración técnica creativa, redacción publicitaria o programación de un asistente de IA.

3. Parámetros personalizables.

OpenAI Playground te permite alternar el comportamiento de la IA con parámetros personalizables. Por ejemplo, puedes ajustar la temperatura para una IA más creativa u orientada a resultados.

Los tonos controlan la longitud de la respuesta de la IA; los tokens máximos y la penalización de p/frecuencia máxima también se utilizarán con la diversidad y la repetitividad de la salida. El uso de estos parámetros te permite configurar la salida de la IA para que se convierta en tu lenguaje, por ejemplo, una charla informal, redacciones formales o un código muy rígido.

4. Ingeniería de mensajes.

Aquí es donde entra en juego la ingeniería de mensajes, una de las cosas importantes en el Playground. Los buenos mensajes te dan grandes respuestas; cuanto mejores sean tus mensajes, normalmente = mayor será tu reacción. Puedes probar diferentes formas de redactar tus peticiones y ver cómo cambia el resultado del modelo.

Un resumen de un libro puede darte algo diferente a una «breve descripción». También puedes desbloquear resultados de IA más precisos y relacionados con mejores indicaciones para las tareas, desde cualquier cosa hasta detalles técnicos, lo que te lleva a la recomendación de escribir código completo.

5. Codificación y desarrollo interactivos.

Dentro del Playground hay un modelo integrado de Codex de OpenAI, para que puedas escribir y probar código, como programar lenguajes directos como Python y JavaScript, en este caso. Esta función es útil para aquellos que quieren crear una aplicación de IA o automatizar cosas. Puedes pedir a una IA fragmentos de código, depurar una IA e incluso generar programas completos.

6. Colaboración en tiempo real.

Playground es una gran herramienta de colaboración; te permite compartir tus sesiones con otros. Esto se utiliza en la función de colaboración en tiempo real de Playground cuando se intercambian ideas con un grupo, se construye un proyecto con un compañero o se comparten los resultados con el mundo digital; se hace de forma fluida y se intercambian comentarios.

7. Acceso a documentación y soporte.

El patio de recreo también ofrece material a los curiosos. Si eres de los que prefieren ir por libre y meterse en el aspecto técnico, tienes la documentación de OpenAI.

Esta incluye guías útiles, tutoriales y procedimientos para sacar el máximo partido a la plataforma. Dado que OpenAI también cuenta con una comunidad comprometida en torno al soporte, puede ayudar con la resolución de problemas o llevar las cosas más allá.

B. Cuenta Openai y acceso al Playground.

Crear una cuenta de OpenAI y acceder al campo de juego no es tan difícil como parece. Tanto si eres un viejo friki de la informática como si eres un principiante en IA, sigue estos pasos y en poco tiempo estarás jugando con los potentes modelos de OpenAI.

Paso 1: Crear tu cuenta de OpenAI.

Ahora, el primer paso que tienes que dar es ir al sitio web de OpenAI.

1. Visite la página web de OpenAI: escriba openai.com en su navegador y pulse Intro.

2. Regístrese → El primer paso en la página de inicio es hacer clic en un cuadro de registro. Escriba «Registrarse» para acceder a su cuenta existente; si tiene una, inicie sesión con sus credenciales.

3. Introduzca la información requerida: nombre, dirección de correo electrónico y contraseña. Elija una contraseña segura por motivos de seguridad.

3. Verificación del correo electrónico: Recibirás un correo electrónico después de completar el formulario de OpenAI. Ve a la bandeja de entrada y haz clic en el enlace de verificación para verificar tu cuenta.

¡Bien! Ya tienes una cuenta de OpenAI y puedes jugar con Playground ahora.

Paso 2: Acceso a Playground.

Una vez creada tu cuenta e iniciada la sesión, encontrar Playground de OpenAI es muy fácil. Sigue estos pasos para abrir Playground y empezar a jugar:

1. Iniciar sesión: si aún no ha iniciado sesión en openai.com, inicie sesión de nuevo con su nueva cuenta y credenciales.

2. Ir a Playground: desde aquí, hay un enlace a Playground en su menú superior después de iniciar sesión. A menudo se llama Playground. Haga clic en él y accederá al panel de control de Playground.

3. Conozca la interfaz: El patio de recreo es la parte fascinante de todo. Hay un gran cuadro de texto en el medio. Aquí, usted ingresa sus indicaciones. En la parte superior hay un menú completo para ajustar la configuración y cambiar el modelo.

Paso 3: Comprender su panel de control.

Al llegar por primera vez al patio de recreo, se encuentra con un panel de control sencillo y despejado. Veamos rápidamente las partes que debemos cubrir:

1. Cuadro de diálogo: Es el espacio para que la Inteligencia Artificial lea su guía. Puede decirle que cree una historia para usted, que responda a las preguntas, que genere el código, etc., o que haga cualquier cosa que quiera probar.

2. Selección de modelo: Justo debajo del cuadro de diálogo, tendrá la opción de seleccionar qué modelo de OpenAI (por ejemplo, GPT-3, GPT-4) utilizar. Puedes usar ambos modelos para divertirte, realizar tareas y descubrir cómo responden a diferentes niveles de sofisticación.

3. Parámetros: Frente al cuadro de diálogo a la derecha, encontrarás parámetros de temperatura, tokens máximos y más (modificables). Estos ajustes le dan a la IA que estás usando el espacio para moverse y hacerla rápidamente más (o menos) sabrosa/sucinta/orientada a la tarea si es necesario.

4. Playground tiene ejemplos y plantillas: No necesitarás saber qué hacer si te quedas atascado o

quieres algunos ejemplos. Son geniales para gente nueva o para inspirarse.

Paso 4: Personalizar tu experiencia.

En el playground, una de las cosas más interesantes de la IA del sistema hero es personalizar los resultados generados por la IA. Veremos algunos ajustes en los que puedes personalizar tus interacciones para que se adapten mejor a lo que necesitas:

• Temperatura: es la cantidad de desviación de la IA del camino recto, ya que haría que la IA fuera más creativa/menos predecible. Una temperatura baja (por ejemplo, 0,2) produce una respuesta más directa y determinista, mientras que una alta (por ejemplo, 0,8) da como resultado una solución relativista impredecible.

• Fichas: cómo pueden continuar las máquinas en la respuesta de la IA. Puedes ajustar esto para bajar un poco si solo quieres una respuesta corta, pero si quieres una explicación, aumenta el número de fichas.

• Recarga y penalización de frecuencia: esto ayuda a ajustar tus respuestas para una mejor combinación de diversidad y relevancia.

Paso 5: explorar, aprender y experimentar

Tu cuenta está configurada y el campo de juego está activo, ¡así que entra! Una de las mejores cosas de OpenAI Playground es que está diseñado para que pruebes cosas. Simplemente empieza a escribir tus mensajes, modifica la configuración y déjate llevar por la creatividad. Si te quedas atascado, hay muchos recursos y plantillas que te ayudarán.

A estas alturas ya deberías tener todo configurado en tu cuenta de OpenAI y acceso al Playground.

CAPÍTULO 2: MODELOS DE REDES NEURONALES ARTIFICIALES (POR EJEMPLO, GPT-3, GPT-4, CODEX)

OpenAI ha creado una familia de modelos, cada uno de ellos adecuado para cosas diferentes. Si eres inteligente, el Playground puede ayudarte a sacar el máximo partido a tus datos. Si te gusta la escritura creativa, resolver problemas técnicos o generar código, varios modelos pueden ayudarte a mejorar. Exploraremos los tres modelos principales: GPT-3, GPT-4 y Codex.

a. GPT-3: La potencia creativa.

Generative Pre-trained Transformer 3 (GPT-3) es uno de los modelos más famosos y comunes utilizados por OpenAI. Está entrenado en una colección de libros, sitios web y otros textos de acceso público.

Con sus grandes datos de entrenamiento, GPT-3 puede hacer textos generales asombrosamente buenos para casi cualquier tarea, sin importar lo aburrido o enrevesado que seas.

Características principales de GPT-3:

• Generación de texto: la perfección para la escritura creativa, la generación de contenido y la lluvia de ideas. Si necesitas escribir un ensayo o componer un soneto o un concepto para otra empresa, ¡GPT-3 está ahí!

• IA conversacional: también es fantástica para los chatbots, ya que la conversación es natural. Con este modelo, puedes hablar de una gran variedad de temas con naturalidad.

• Flexibilidad: al tener 175 000 millones de parámetros (la memoria del modelo), GPT-3 puede cambiar su producción para adaptarse a múltiples tonos, estilos o instrucciones. Puede utilizarse para tareas formales y para escribir de manera informal en un estilo vivo.

El GPT-3 es increíble, pero puede tener defectos. A veces puede dar resultados que suenan un poco repetitivos o malinterpretar un tema muy específico (aunque, afortunadamente, no hasta el punto de ser distintivo). Ahí es donde entra en juego el GPT-4.

b. GPT-4: La sofisticación continúa.

Además de lo que puede hacer GPT-3, GPT-4 mejora y desarrolla aún más la comprensión general. A diferencia de GPT-3 (175 000 millones de parámetros), GPT-4 es un modelo aún más pesado, lo que lo hace más fiable y genérico para tareas más difíciles.

Aspectos destacados de GPT-4.

• Mejor comprensión: GPT-4 conoce en profundidad muchos temas más sofisticados e instrucciones explícitas. Es mucho mejor en el contexto de chats más largos o tareas de varios pasos y es un claro ganador en aplicaciones que requieren una comprensión realmente profunda.

* Correcto y comprensible: Cometerá menos errores y dará respuestas más apropiadas, especialmente sobre

áreas específicas, dominios o discusiones controvertidas. GPT-4 tiene más razón que tú en la medida en que sigue mejor una discusión, ya sea sobre ciencia antigua o filosofía.

• Mayor originalidad: GPT-4 también se integra con trabajos creativos como narraciones, poemas y contenido técnico. Tiene capacidades de razonamiento sofisticadas, de modo que puede ser más creativo con resultados más variados.

El nivel adicional de sofisticación se traduce en que GPT-4 es la herramienta elegida cuando se necesita más exactitud o conocimientos muy específicos. La misma exactitud y, lo que es más importante, la precisión son útiles para aplicaciones empresariales, contenido educativo, redacción profesional, etc.

c. Codex: El experto en codificación.

Estamos hablando de GPT en modelos de lenguaje general... GPT-3 y GPT-4. La empresa también ha creado un modelo Codex para modelos de lenguaje relacionados con la programación. Puedes completar tareas que impliquen algo de codificación.

Basado en la arquitectura de GPT-3, Codex está programado inteligentemente para comprender y codificar en diferentes lenguajes de programación.

Características clave de Codex:

• Generación de código: Puedes pedirle a Codex que genere fragmentos de código, funciones o aplicaciones completas a partir de un lenguaje natural. Si quieres crear una aplicación web o un script de Python o automatizar algo con la ayuda de una herramienta de automatización, pasa las instrucciones del cerebro a la base de código porque ahí está Codex.

• Soporte multilingüe: Codex está codificado por una persona que puede leer o escribir código en muchos lenguajes de programación (Python, JS, Java, Ruby/y otros) respectivamente. Esto lo convierte en un superpolíglota para los desarrolladores que trabajan en dos o más plataformas diferentes.

• Depuración de código: Codex puede ayudarnos en el análisis. Le dirá dónde falla, incluso si el código está roto o si solo quiere saber si su entrada puede producir la salida que desea con algunos mensajes de error. Puede suponer un gran ahorro de tiempo para los desarrolladores, especialmente al depurar cosas complejas.

Codex es alucinante, pero es el caso de uso ideal para personas que ya saben algo de programación. Puede hacer que el proceso de desarrollo sea más eficiente, aunque los humanos pueden seguir siendo necesarios para validar que el código está haciendo lo que debería.

Seleccionar el modelo adecuado para usted.

Al utilizar los modelos de OpenAI por primera vez, es fácil no saber cuál utilizar para cada tarea. ¡Tranquilo! Conocer las ventajas y desventajas de los modelos le facilitará el proceso de toma de decisiones y le ayudará a obtener estos resultados en poco tiempo. Entonces, ¿cómo se selecciona el modelo que se aplica a su tarea?

1. Escritura creativa y generación de contenido: Elija GPT-3 o GPT-4.

Si su tarea es escribir texto, ya sea una entrada de blog, prosa o un pie de foto para redes sociales, GPT-3 y especialmente GPT-4 son la mejor opción. Estos modelos reciben una gran cantidad de texto y son excelentes para crear lenguaje similar al humano.

Si quieres escribir contenido de formato amplio [GPT-3], puedes utilizarlo para generar conceptos, crear entradas de blog e incluso crear diálogos que alimenten el pensamiento para un guion. GPT-3: Excelente para cualquier cosa que vaya más allá de los detalles técnicos pesados o la comprensión profunda.

GPT -4 para obtener más detalles/complejidad si es necesario. Esto es muy bueno cuando se escribe algo que no necesita mucha profundidad y matices, pero incluso entonces, yo trataría de evitar escribir todo lo más bajo posible.

Ambos modelos serán adecuados para tareas más creativas o detalladas, como la poesía o la narración de historias, pero GPT-4 es probable que sea más rico y variado, lo que lo hace más adecuado para la escritura compleja o de alto nivel.

2. Tareas de codificación y programación: elige Codex

Para tareas de programación como escribir código (si es necesario), depurar o crear un modelo de software, Codex es el modelo ideal. Codex (modelo dedicado a la programación y entrenado para entender el lenguaje natural sobre metáforas de programación; puede utilizarse para la generación de código)

• Generación de código: Codex es increíble a la hora de tomar un concepto de baja fidelidad y escribirlo completamente en código funcional. Pídele a Codex que cree cualquier función en Python o en una aplicación web, y recibirás un fragmento de código en segundos.

• Depuración de errores: si te encuentras con un error en tu código, aquí viene Codex para ayudarte. Le dices cuál es tu problema con el fragmento de código en el que estás atascado, y Codex te dará soluciones para que, con suerte, seas más eficaz en la resolución de problemas.

Codex es perfecto para el desarrollador, tanto si eres un novato que quiere automatizar cosas triviales como si eres un programador avanzado que se encuentra con un obstáculo en tu obra maestra. En cualquier caso, Codex ofrece los mejores resultados si sabes un poco de programación, ya que te hará creer que eres una persona técnica.

3. Manejo de temas complejos o especializados: Utiliza GPT-4.

GPT-4 es el método de tareas que requiere un profundo conocimiento del dominio o datos complicados. Mejora el GPT-3 en el análisis de largas cadenas de instrucciones complejas y puede manejar puntos de datos ricos.

• Especializado: GPT-4 puede ofrecer contenido preciso y sensible al contexto sobre ciencia de vanguardia, medicina o dominios técnicos estrechos, desde biotecnología hasta cibernética. Es excelente para materiales educativos y de investigación o para explicar conceptos difíciles de forma sencilla.

• Consultoría e intercambio de ideas: GPT-4 es uno de los mejores para proyectos complejos e intercambio de ideas. La teoría de grafos es una noción matemática fácil de entender, pero para proyectos complejos. GPT puede ayudarte a diseñar un plan de varios pasos, producir impulsores importantes o buscar detalles de problemas que GPT-3 resolverá.

Para tareas que requieren exactitud o precisión, especialmente en casos de uso profesional o académico, GPT-4 es el modelo. Es bueno cuando se quiere mejorar la escritura (alta, media, técnica).

4. IA conversacional y atención al cliente: GPT-3 o GPT-4.

GPT-3 y GPT-4 son excelentes con IA conversacional, ya sea para chatbots, asistentes de atención al cliente o servicios de asistencia virtual. GPT-3 es bueno para tratar consultas promedio y tareas conversacionales sencillas, pero GPT-4 destaca en conversaciones más largas o en la resolución de problemas más complejos.

• GPT-3 funciona para interacciones sencillas, en las que la IA tiene que responder a preguntas frecuentes o indicar a los usuarios la documentación pertinente. También funciona muy bien en los guiones de atención al cliente y en las respuestas rápidas.

• Por lo demás, una conversación más matizada o personalizada requiere GPT-4 (es decir, la IA interpreta las aportaciones de los usuarios en tiempo real, da consejos matizados y un diálogo más largo).

5. Para cualquier cosa intermedia: Empieza con GPT-3 y experimenta.

En caso de duda, GPT-3 es un buen modelo de referencia. Es versátil, fácil de usar y puede utilizarse en muchos ámbitos. Si utilizas GPT-3 para producir texto, responder preguntas o necesitas automatizar un proceso, oye, amigo, lo hace a su manera bigotuda.

A medida que te vayas familiarizando con Playground, prueba diferentes trabajos para ver si GPT-4 merece la pena o si Codex es una herramienta para armamento especializado.

La elección del modelo para su tarea se reduce a saber en qué destaca cada modelo. La generación de contenido es donde encaja GPT-3, mientras que GPT-4 es su ciencia de contenido de habilidades blandas, mientras que Codex es el maestro de la programación. Al elegir el modelo adecuado para su caso de uso particular, puede aprovechar la pila tecnológica de OpenAI y hacer lo que se proponga para conquistar el mundo.

CAPÍTULO 3: CÓMO EXPERIMENTAR CON LAS MODELOS EN EL PLAYGROUND.

OpenAI Playground es un lugar maravilloso para perder el tiempo y probar y jugar con diferentes modelos de IA. Tanto si eres principiante como si tienes cualquier otro nivel de experiencia en el uso, es una experiencia muy agradable y liberadora jugar con estos modelos y ver todo lo que pueden hacer. Eso es exactamente lo que te explicaré y por qué es un comienzo fantástico para dar rienda suelta a la magia de la IA.

1. Elige tu modelo.

Como se ha comentado anteriormente, tu viaje experimental comienza con la decisión de con qué modelo jugar más adelante. Playground te permite seleccionar entre diferentes modelos, por ejemplo,

GPT-3, GPT-4 y Codex, todo en un solo lugar. Cada uno tiene sus características, para eso tienes que elegir la tarea:

• GPT-3: Ideal para la escritura creativa, la generación de texto general y las conversaciones informales.

• GPT-4 para tareas que necesitan más especificidad y claridad conceptual, como textos de orden superior, como informes técnicos o instrucciones.

• LLM (Codex) vuelve a entrar en escena, ya que genera código perfecto para cualquier cosa de programación.

Ahora que has elegido tu modelo, ¡pongámonos en marcha y dejemos que haga su trabajo!

2. Establece tus parámetros.

Después, personalizarás tu experiencia revisando los parámetros. Esto ajusta los parámetros hasta que controlas cómo se comporta el modelo, lo cual es importante para conseguir lo que quieres.

• Temperatura: este ajuste influye en la creatividad y en las respuestas aleatorias que el modelo me dará. Aumentar la temperatura (de 0,8 a 1) hace que el modelo responda de forma más original y alocada.

Reducirla aún más (más cerca de 0) hace que las respuestas del modelo se estrechen y se vuelvan más deterministas. Experimenta con esto para notar un cambio en el tono y la creatividad del modelo.

• Max Tokens: la longitud máxima de respuesta que el modelo emitirá. Ajuste esta configuración si desea una respuesta más larga y detallada. Puede ser menor si desea una respuesta corta y clara.

• Top P (muestreo nuclear): controla la diversidad de la respuesta restringiendo las posibles respuestas emitidas. Es decir, un valor más alto (por ejemplo, 0,9) le da al modelo más opciones para elegir y produce una respuesta más variada, mientras que un número más bajo hace que opte por la siguiente palabra más probable del contexto.

Juega con estos ajustes para ver cómo el modelo produce respuestas y comprueba si puedes acercarte a lo que se adapta a tu caso de uso.

3. Prueba diferentes indicaciones.

Una de las formas más divertidas de experimentar de lo que es capaz un modelo es jugando con las indicaciones. Una indicación es simplemente pegar la información que vas a proporcionar al modelo para que te dé una respuesta. Cuando tu indicación es más específica y detallada, el resultado será más específico y preciso. Empieza con un problema sencillo y luego complícalo.

• Indicaciones fáciles: Empiece a hacerle preguntas fáciles al modelo, como «¿Cuál es la capital de Francia?» o «Cuéntame un chiste». Esto le ayudará a entender cómo el modelo da respuestas.

• Indicaciones creativas: Escriba indicaciones más creativas, como «Cuenta una historia de horneado de dragones». Haga que escriba un eslogan de marketing extravagante para un nuevo producto ecológico. ¡El modelo es increíblemente creativo a la hora de generar ideas y expresar esa creatividad!

• Ejemplos técnicos: si utiliza Codex o GPT-4, también puede probar con indicaciones técnicas. Por ejemplo, «Escribe un script de Python para ordenar esa lista de números» o «Dame una definición sencilla posible de la física cuántica».

El modelo generará texto comparable en términos de dificultad a su indicación. Cuanto más juegue con las diferentes indicaciones, más aprenderá cómo y qué utilizar para su caso de uso.

4. Revise y ajuste las respuestas.

Después de generar la respuesta, revisa lo bien que lo hizo el modelo. Vale, vale. La respuesta era lo que querías. ¿Era única o suficiente gráficamente/en cuanto a números?

No tengas miedo de reelaborar tu consulta o modificar el resto si la respuesta no es del todo correcta. Es posible que tengas que elaborar las instrucciones, proporcionar más información o cambiar la configuración de la arquitectura del modelo para obtener una respuesta más precisa o creativa.

5. Mejore su control con mensajes del sistema.

Puede utilizar mensajes del sistema (OpenAI Playground) para indicar a la IA cómo comportarse. Estos son los comandos. Usted le da al modelo estos comandos antes de que empiece a generar cualquier respuesta.

Por ejemplo, puedes prescribir el tono de la conversación y canalizar todo hacia una única respuesta formal u ordenar a un modelo que actúe como un personaje. Los mensajes del sistema pueden guiarte en la dirección correcta para obtener cualquier tipo de respuesta que necesites, ya sea seria, relajada o divertida.

6. Guarda y comparte tus experimentos.

A medida que pruebes cosas, ¡recuerda guardar constantemente! El Playground te permite crear y guardar tus experimentos y compartirlos con otros usuarios. Esto es especialmente útil cuando planeas echar un vistazo a tus experimentos más tarde o mostrar tus resultados a amigos o colegas.

El Playground es una buena herramienta de empoderamiento que te permite jugar con lo que la IA puede hacer de una manera sencilla, transparente y divertida. Ya sea que solo estés jugando por diversión, descubriendo cómo escribir una mejor indicación o haciendo cosas más complicadas, puedes ser creativo y ver cómo funcionan los modelos de OpenAI de múltiples maneras.

Aprenderás a jugar con las diferentes indicaciones, ajustar todo modificando y explorando los modelos intermedios en un rango, y luego comenzar lentamente a involucrarte y familiarizarte y sentirte cómodo jugando con el enorme potencial de la IA.

CAPÍTULO 4: PERSONALIZACIÓN DE SU EXPERIENCIA CON Ingeniería rápida.

La ingeniería de indicaciones se ha vuelto esencial cuando se utilizan modelos de IA abierta como los transformadores de lenguaje natural (GPT-3, GPT-4). En pocas palabras, una indicación es la clave para desbloquear todo el poder de la IA.

Si quieres escribir contenido, responder preguntas o programar, conseguir la indicación es la mitad de la batalla en cuanto a lo lejos que te llevarán estas cosas. Este capítulo desglosará los conceptos básicos para empezar.

¿Qué es la ingeniería de indicaciones?

En su forma más simple, la ingeniería de indicaciones consiste en crear entradas (indicaciones) sobre las que la IA trabaja como si quisiera producir los mejores resultados posibles. Esto se reduce a saber cómo interactuar con el modelo, cómo hacer esas preguntas y a qué dar contexto para que el modelo pueda responder a lo que necesitamos. Cuanto mejor sea su indicación, más precisa será la cantidad de respuestas relevantes y útiles que proporcionará la IA.

¿Por qué es importante?

Los modelos de IA abierta son muy potentes, pero no saben a menos que se los muestres a través de tus comandos. Con una indicación deficiente, es posible que el modelo te dé respuestas vagas, inútiles o incorrectas. La ingeniería de indicaciones sirve para moderar la forma en que interactúas con el modelo para obtener los resultados deseados.

Al practicar la ingeniería de indicaciones, conseguirás:

• Respuestas más específicas, precisas y mejores.

• Ahorrar tiempo al requerir menos «seguimientos».

• Aumentar la capacidad creativa de la IA para cosas como la escritura, la lluvia de ideas o la producción de ideas.

Elementos clave de un buen aviso.

Recuerde algunas cosas al escribir su mensaje si quiere que el modelo de lenguaje ofrezca los mejores resultados.

1. Delíneelo: ¿Qué es exactamente lo que desea? Delimite mensajes indefinidos y vagos como «Dime algo interesante». Este resultado, por lo general, responde a lo que puede encontrar especificando sus deseos: «Hable de un hecho interesante sobre la exploración espacial».

2. Contexto: Proporcione el contexto para que el modelo sepa cómo se espera que actúe. Así, cuando le pida al modelo que escriba una historia, será mucho mejor si le dice el género o algunos personajes en mente, como «Crea una historia emocionante basada en astronautas y planetas». Por ejemplo, podría decir cosas como: «Crea una historia de ciencia ficción de 30 segundos sobre un joven astronauta que encuentra un nuevo planeta».

3. Prototipo: Indique explícitamente el modelo de su resultado deseado. Si, por ejemplo, necesita una lista de ideas, pídala en formato de lista: «Escribe cinco

formas de dar a conocer mi nueva aplicación». Indicar explícitamente el formato requerido garantiza que el modelo persista y dé como resultado el formato deseado.

4. Tono y estilo: simplemente diga lo que quiere, por ejemplo, formal o informal, o incluso especifique el tipo de tono (la respuesta debe ser informal pero divertida, etc.). Un pequeño ajuste como «Escribe esto en un estilo de escritura informal» o «Proporciona esto formalmente» podría ser esencial.

5. Restricciones: Otras veces, es posible que prefieras que tu modelo se comporte de acuerdo con algunas restricciones. Puedes decir, por ejemplo, un límite de palabras o pedir un resumen: «Puntos clave en 100 palabras o menos» o «en 3 frases».

Ejemplos de indicaciones buenas y malas

Para demostrar una noción simple de cómo son las indicaciones buenas en contraste con las no tan buenas:

Ejemplo 1:

Mensaje incorrecto: «Háblame de historia».

Es demasiado vago y puede dar una respuesta muy general.

Mensaje correcto: «Redacta un breve resumen de 150 palabras sobre la Guerra Civil estadounidense».

Es explícito y definido, con un esquema de la longitud frente al tema.

Otro ejemplo:

Mensaje incorrecto: «Genera un poema».

No tiene un objetivo y probablemente será un poema genérico y desenfocado.

• Buen mensaje: Escribe un poema que rime sobre el tema de la belleza de la naturaleza con el bosque y el río.

Ahora, el modelo sabe qué área, tipo y elementos se necesitan para la respuesta a medida.

Experimenta y perfecciona.

Lo que me encanta de la ingeniería de mensajes es que es un proceso de aprendizaje a través del error. Cuanto más juegues con mensajes únicos, más entenderás lo que le gusta y lo que no le gusta al modelo con diferentes instrucciones. No tengas miedo de limpiar tus indicaciones, cambiar la entrega o elaborar más. El modelo no te dio lo que necesitabas, así que cambia tu indicación y empieza desde ahí.

Consejos para perfeccionar.

1. Indicaciones de «PAPEL»: Pídele al modelo que interprete un papel, que se expresará en un estilo conversacional. Por ejemplo, «Eres un entrenador personal, es decir, crea un plan de entrenamiento para un principiante».

2. Cadena de pensamiento: cuando el modelo necesite pensar por pasos, utilice una pista para pedirle que razone (por ejemplo, «¿Cómo resuelves un problema matemático? Paso a paso»).

3. Utilice varias indicaciones: es posible que necesite una serie de indicaciones para las tareas más complejas. Puede añadir preguntas de seguimiento que amplíen las respuestas anteriores y conduzcan a una mejor respuesta basándose en lo que se ha dicho.

La ingeniería de mensajes es una herramienta brillante que puede aprovechar para potenciar los modelos de OpenAI. La ingeniería de mensajes abre las puertas a un universo de creatividad, resolución de problemas o automatización que puede desbloquear con mensajes concisos, pero significativos y contextualizados. Pruebe sus mensajes de forma diferente, vea los resultados y dé a la IA una cadena para hacer lo mismo que usted.

CAPÍTULO 5: PARÁMETROS QUE INFLUYEN EN EL RESULTADO (TEMPERATURA, FICHAS MÁXIMAS, ETC.)

Cuando se utilizan modelos de OpenAI como GPT-3 o GPT-4, lo que se recibe como resultado se basa en la solicitud y en un resultado muy influenciado por algunos de los siguientes parámetros clave: los resultados.

La temperatura y los tokens máximos (top_p, etc.) son solo algunos de los parámetros que influyen en la respuesta de este modelo (o de cualquier GPT de estado pasado o presente), por lo que te dan control sobre el estilo, la creatividad y la longitud. Aprender estos parámetros le ayudará a mejorar sus resultados para que se ajusten más a sus necesidades.

1. Temperatura.

Los parámetros de temperatura controlan la capacidad de desarrollo y la escala de respuesta de esta instancia del modelo. Está entre 0 y 1.

• Temperatura baja (0,0-0,3): Al reducir la temperatura, su modelo entra en modo determinista. Seleccionará la siguiente palabra con la mayor probabilidad en el contexto. Es bueno para generar tareas basadas en hechos, precisas o que requieran números, es decir, responder preguntas y crear contenido (por ejemplo, hipótesis).

• Temperatura alta (0,7-1,0): Cuando la temperatura es alta, el modelo se vuelve creativo (y menos exigente, lo que reduce la improbabilidad de elegir esas respuestas maravillosas, menos probables y más diversas semánticamente). Esto es útil para inventar historias, lanzar una idea o cuando realmente se desea una nueva perspectiva.

Por ejemplo, si solicita la descripción del producto, una temperatura más baja proporcionaría una descripción más directa y profesional. Sin embargo, para algo más creativo y divertido, una temperatura más alta proporcionaría algo más imaginativo.

2. Fichas máximas.

Las fichas máximas indican cuántas fichas (palabras, partes de palabras o signos de puntuación) se permiten para una respuesta de este modelo. Las fichas pueden ser tan cortas como palabras (por ejemplo, a) o varias palabras, por ejemplo, conversación.

• Fichas máximas más cortas: El resultado será corto al limitar las fichas máximas (50 o menos). Perfecto para: si solo quieres una respuesta concisa o un resumen.

• Max Tokens más altos: El modelo puede construir respuestas más complejas y elaboradas si se definen tokens máximos más altos (500 o más). Se utiliza para escribir ensayos, contenido de formato largo o explicaciones expresivas.

Recuerde, el modelo se detendrá en el límite máximo de tokens (solicitud + finalización); ¡configure! Si desea una respuesta de texto larga, ¡dé un límite adecuado!

3. Top_p (muestreo de núcleo)

Top_p es una forma diferente de limitar la diversidad en la respuesta del modelo. En lugar de muestrear libremente entre todas las posibilidades, top_p restringe la selección a las palabras más probables, pero introduce imprevisibilidad de todos modos.

• Top_p bajo [0,1-0,3]: con un ajuste más bajo para top-p, parte del modelo se centra solo en los resultados más probables, lo que hace que sus respuestas sean más predecibles, enfocadas y conservadoras.

• Top_p alto (0,5-1): un top_p más alto permite una respuesta más diversa y creativa. El modelo tiene más opciones para elegir, lo que produce resultados variados.

Una de las ventajas de top_p es que funciona con la temperatura para ajustar el grado de conversación o fórmula que se desea en las respuestas. Para una cantidad equilibrada de creatividad sin pasarse de aleatorio, top_p es para usted.

4. Penalización de frecuencia.

Penalización de frecuencia: esto afecta a la facilidad con la que el modelo piensa que se repetirán otras palabras en la misma respuesta. Estos parámetros pueden estar entre 0 y 2.

• Penalización de baja frecuencia (0,0-0,5): el modelo tiende a repetir palabras, por lo que esta configuración permite la repetición de palabras, lo que podría ser útil si generas algo en lo que la repetición funciona (por ejemplo, estructuras poéticas o versos en la música).

• Frecuencia alta (1,0-2,0): este parámetro penalizará al modelo por repetir palabras o frases. Es perfecto cuando se necesita variedad en las respuestas, ya que introduce un ligero elemento de aleatoriedad para no asustarse con todo el resultado, sobre todo cuando este es más largo.

Utiliza una penalización de frecuencia más alta para asegurarte de que el modelo no reutiliza una palabra, sino que la cambia un poco por algo nuevo al generar la escritura.

5. Penalización de presencia.

Penalización por presencia: funciona de manera similar a la penalización por frecuencia, que insta al modelo a generar palabras o ideas variantes, pero evita el exceso de temas o tópicos repetidos. También va de 0 a 2.

• Penalización por presencia baja (0,0-0,5): el modelo dará más resultados con el mensaje inicial y no avanzará mucho.

• Penalización por alta presencia (1,0-2,0): este ajuste activa la exploración de nuevos temas e ideas. Es bueno utilizarlo si quieres que el modelo produzca un contenido más variado o evitar que caiga inmediatamente en un solo espacio.

6. Secuencias de parada.

Detenga las secuencias para que pueda decirle al modelo que deje de producir texto. Esto último es excelente para respuestas que quieren una frase o palabra finita para marcar el final (es decir, dentro de un contenido estructurado de diálogo). Puede establecer una (o varias) secuencias de parada para asegurarse de que el modelo no se descarrile por completo.

Por ejemplo, si estuviera elaborando una historia, podría escribir una secuencia de parada, algo así como

«The End», por si acaso esta historia se prolonga toda la noche.

Una vez que estos parámetros afecten a los resultados del modelo, puedes dar forma a tus respuestas para adoptar una mentalidad diferente. Tanto si estás creando una narración creativa, como si estás escribiendo respuestas breves o textos técnicos, cambiar la temperatura del token y los parámetros top_p puede modificar el comportamiento de la IA. Diviértete con todos estos ajustes y descubre qué te funciona al utilizar los modelos de OpenAI. Cuanto más lo intentes, más los desbloquearás todos.

CAPÍTULO 6: CREACIÓN DE AVISOS PERSONALIZADOS PARA RESULTADOS ESPECÍFICOS.

Con los modelos de OpenAI como GPT-3 o GPT-4, el truco para obtener la respuesta perfecta consiste principalmente en introducir sus mensajes personalizados.

Entrada de mensaje personalizado: Una entrada personalizada que le dice al modelo que arroje un resultado en la forma que usted desee.

Aprender a crear mensajes personalizados aumentará exponencialmente el valor de los resultados, sin importar cómo cree el contenido (sin juego de palabras), encuentre una solución o necesite detalles.

Con OpenAI, puede responder y personalizar su texto en función de LO QUE pida (el poder del contexto y las instrucciones). Puede ajustar sus indicaciones para dirigir el modelo a realizar determinadas tareas, caracterizar voces o escribir en múltiples estilos o formatos. Así es como se crea una indicación personalizada para los resultados requeridos.

1. Sea claro y conciso.

El primer paso para crear una indicación es definir exactamente lo que quieres. Indicaciones amplias = resultados amplios, así que sé tan específico como necesites o como la tarea/resultado que estés tratando de lograr. La forma de mostrar a un modelo la lista exacta de ideas para entradas de blog sobre fitness es una indicación bastante simple: «Piensa en ideas para un blog de fitness», pero con contexto, eso puede mejorar.

En su lugar, «Proporcionar 1/10 ideas de temas únicos de publicaciones de blog sobre fitness (para principiantes, entrenamiento de fuerza, alimentación saludable, etc.)». Esto es mucho más explícito y directo y le da al modelo una idea de algo más específico y relacionado.

2. Expectativas sobre el formato de salida.

Uno de los otros componentes clave de las indicaciones personalizadas es decirle al modelo cómo le gustaría que se estructurara la respuesta. Ya sea que esté buscando una lista de viñetas, un resumen o un ensayo completo, darle a ese modelo un pequeño empujón en su dirección mejorará seriamente los resultados que obtenga aquí mismo.

Por ejemplo, para una descripción de producto: «Hazme una descripción de producto de 150 palabras de una esterilla de yoga sostenible (está hecha de materiales ecológicos y su durabilidad es increíble). Esto es preciso para el tipo (descripción), el recuento de palabras (150) y el enfoque (verde, duradera).

Puedes decir: «Escribe un diálogo sobre los planes de viaje de dos amigos. Un amigo está muy entusiasmado, mientras que el otro se preocupa por la redacción creativa/el trabajo de diálogo.

3. Tono | Ajusta tu estilo.

El tono y el estilo del resultado lo son todo. A veces, es posible que desees una respuesta más formal y profesional, y otras veces, es posible que quieras algo más informal o humorístico. Ajustar el tono puede ser tan sencillo como añadir algunas palabras a tu mensaje.

Incluso puedes modificar el tono con esto:

«Redacta un correo electrónico profesional a tu cliente con el asunto «Recordatorio de agradecimiento por la compra» y pregunta si es necesario.

• Cebo de clics promocional / Sabor de helado «recién lanzado»: «twenty yanda twittah»

• Argumentar un caso para un estudiante graduado universitario.

Teniendo en cuenta el nivel de tono, ya sea formal, amistoso, divertido o motivador, el modelo puede adaptar su respuesta a tus necesidades.

4. Añade algunas sugerencias o restricciones.

Esto lleva a restringir el modelo y eliminar la basura del resultado. Por ejemplo, si quieres evitar que tu modelo repita ciertas palabras de ahora en adelante para enfatizar temas particulares o que solo esté limitado en longitud, entonces esos detalles le dan al modelo una idea de en qué enfocarse.

Por ejemplo:

• «Escribe un op de 200 palabras sobre cómo caminar a diario no es un ejercicio, pero es lo suficientemente bueno».

• Desarrollar un proceso de cinco pasos para aumentar la productividad, cada uno de hasta 50 palabras.

Estas restricciones adicionales deberían proporcionarle finalmente el resultado más relevante y específico. Puede proporcionar más instrucciones como «usar tres viñetas» y «escribir de forma positiva».

5. Utilizar indicaciones basadas en roles.

Una técnica para generar indicaciones personalizadas es asignar un modelo a un rol concreto. Esto ayudará a la IA a pensar y escribir como debería haberlo hecho un experto en su campo. Le pedirías al modelo que actuara como «nutricionista» en este escenario o como tutor cuando necesites algún consejo educativo y como consultor de negocios en caso contrario.

Ejemplos:

• (Como chef profesional) Crea una receta de cena vegana y con más de 30 verduras para mí.

• Como estratega de CRM, escribe el plan para mejorar la colaboración en equipo en un entorno virtual.

Este método ayuda a producir respuestas más corteses y apropiadas para garantizar que el modelo ofrezca lo que se esperaba.

6. Perfeccionar y experimentar.

Vamos a iterar hábilmente creando mensajes personalizados. Puede que no siempre consigas lo que querías la primera vez, ¡y no es que estés haciendo algo mal! Una vez que veas lo que produjo el modelo, piensa en las mejoras que hay que hacer. ¿Contexto? ¿Más orientación? De lo contrario, ¡tiene un ambiente diferente!

Por ejemplo, cuando solicites una descripción vaga del producto, edita tu mensaje añadiendo datos más específicos sobre tu producto.

•Características específicas, como quién utilizará esta aplicación o la comparación con la competencia.

Después de todo, cada vez que pruebas cosas diferentes, solo haces que tu modelo sea consciente de cómo reacciona ante ciertas entradas. Si estás inventando historias, trabajando en problemas o ideando nuevas ideas, las indicaciones personalizadas significan que tienes control sobre el resultado que obtienes. Empieza de forma rudimentaria, sé sincero y mejora tus indicaciones con el tiempo, y empezarás a producir lo que necesitas más rápido y mejor.

CAPÍTULO 7: GPT-3 Y GPT-4 EN EL ÁREA DE LA GENERACIÓN DE TEXTOS.

En el fondo, GPT-3 (Generative Pretrained Transformer 3) y, de igual modo, GPT-4 fueron (y siguen siendo) los supermodelos originales generados por OpenAI en una asombrosa serie de modelos.

Estos modelos especializados deberían ser capaces de comprender y generar texto similar al humano basándose en lo que se les ha introducido. Responden preguntas, escriben ensayos, generan historias a partir de palabras hasta una bola de basura, pero también mantienen conversaciones sobre temas difíciles.

1. Escala y tamaño.

GPT-3 y GPT-4 son así a gran escala. Tomemos, por ejemplo, GPT-3, que tiene 175 000 millones de parámetros; probablemente sea el modelo de IA más grande que existe. Estas son las configuraciones internas que aprende el modelo. Al mismo tiempo, entrenar y tener más de ellos suele conducir a patrones más altos en la comprensión del poder de un modelo y a producir resultados más precisos.

GPT-4 va un paso más allá y tiene más parámetros en todos los aspectos, lo que se traduce en una percepción aún mejor de la sutileza y el matiz, así como en la capacidad de manejar tareas complejas. A su vez, la escala masiva les permite almacenar más contexto en una porción más significativa de texto (10 000 palabras) y producir respuestas elaboradas que añaden una capa de sofisticación.

Una de estas escalas es la razón por la que el texto es una lección de naturalidad y fluidez a estos niveles de modelo (al menos para lo que pueden hacer).

2. Comprensión contextual.

En profundidad en el contexto, a diferencia de los modelos de IA anteriores, que utilizan la coincidencia de palabras clave o simplemente el reconocimiento de patrones línea por línea con GPT-3, y joder, GPT-4, en serio. Así que no toman solo las últimas palabras que escribiste o la entrada más reciente, sino TODO EL CONTEXTO de la conversación/solicitud. Eso les permite dar respuestas más acertadas y conectadas, posiblemente incluso para tareas complicadas o de varios pasos.

Digamos que le haces a GPT-3 y GPT-4 una pregunta que requiere que recuerden algo de antes en esa conversación para que puedan seguir el contexto y actualizar ese conocimiento en lo que dicen. La capacidad de «recordar» y utilizar el contexto hace que hablar con estos modelos resulte más fluido que los simples resultados de búsqueda, y la diferencia aparece en la forma en que interactúan.

3. Flexibles y adaptables.

GPT-3 y GPT-4 también hacen una de las mejores cosas: ofrecen una flexibilidad considerable. Estos modelos son buenos para realizar cualquier tarea que se les encomiende sin tener que entrenarlos desde cero. Pueden hacer mucho, desde escribir ensayos e historias hasta resolver problemas matemáticos o programar.

La forma en que se entrenan les da esta flexibilidad. GPT-3 y GPT-4 están preentrenados en grandes cantidades de datos de texto extraídos de Internet, incluidos libros, sitios y textos en general.

Su exposición general garantiza que puedan escribir sobre casi cualquier tema, ya sea ciencia/arte/historia/tecnología, etc., lo que los hace muy generales. No están entrenados para cada tarea; deben recibir nuevos datos de entrada y producir datos de salida en fase.

4. Generación de texto similar al humano.

Sin embargo, la parte más impresionante de GPT-3 y GPT-4 es cómo pueden producir un texto casi humano. Los modelos no son meros «escupidores» de frases ni oraciones que siguen un patrón específico.

Tienen un conocimiento relativamente avanzado del flujo, la cadencia y el uso del lenguaje. Estos modelos pueden generar respuestas que favorezcan el tono y el estilo que usted desea, ya sea que suene formalmente como una carta comercial, una entrada de blog apenas escrita o fluya creativamente como un cuento corto.

La propiedad del modelo de la arquitectura del transformador les permite mirar hacia delante una buena distancia en el texto. Lo primero puede ayudar con conceptos aún más intrincados de palabras, frases y oraciones que ellos enseñan. Por lo tanto, conduce a un texto que no solo es correcto y sintáctico, sino también convincente y con el que se puede identificar.

5. Ajuste y personalización de hiperparámetros.

GPT-3 y GPT-4 son enérgicamente intuitivos en sus capacidades generales, pero también están entrenados de manera lo suficientemente genérica como para que puedan ajustarse o personalizarse para muchas cosas.

Por ejemplo, supongamos que aborda un proyecto específico, como documentos legales o redacción médica. En ese caso, puede ajustar el modelo para que se parezca más al lenguaje y al vocabulario utilizados en esos campos.

Con la personalización permitida, estos modelos son aún más potentes, lo que implica la facilidad de cumplir con los requisitos atómicos más exigentes sin perder su esencia principal de generación de texto general. Esta flexibilidad significa que puede utilizar GPT-3 y GPT-4 para todo, desde la ayuda para la escritura en lenguaje natural hasta tareas profesionales específicas de un dominio.

6. Aprendizaje activo e iteración.

GPT-3 y GPT-4 pueden revisar sus respuestas en función de lo que obtienen secuencialmente de la entrada. En otras palabras, puedes interactuar con el modelo para obtener un mejor resultado.

Por lo tanto, la respuesta que salió del modelo puede estar bastante lejos de lo que usted quería: puede reformular o refinar su instrucción y el modelo volverá a hacer lo suyo. Este aprendizaje dinámico e interactivo permite que estos modelos sean enormemente útiles para los usuarios que desean probar entradas para ver si se desbordan o mueren.

En general, GPT-3 y GPT-4 se diferencian en escalabilidad, poder de comprensión del contexto, versatilidad y generación de texto similar al humano. Estos modelos no son solo acción: pueden conversar, evolucionar y producir contenido de calidad en múltiples temas o tareas.

El GPT-3 y el GPT-4 se distinguen por su pureza de creatividad (junto con una fluidez única) cuando se trata de automatizar la escritura o resolver problemas difíciles que tienes en mente y crear experiencias conversacionales fascinantes.

Profundizar en estos modelos le permite vislumbrar un potencial infinito en la frontera entre la IA y la cognición humana, a medida que exploramos lo que puede ser y ampliamos esos límites a diario. La automatización de la generación de texto en GPT-3 y GPT-4 no es el futuro; más bien, es la evolución de sistemas inteligentes e interactivos que se sienten más como amigos que como herramientas.

CAPÍTULO 8: CREAR UN ASISTENTE DE CONVERSACIÓN CON IA CONVERSACIONAL.

Los días de un chatbot inverosímil que puede hablar contigo de manera significativa son cosa del pasado; gracias a los grandes avances en inteligencia artificial (IA), ahora es factible y está al alcance de la mano.

Gracias a la inteligencia artificial (IA) de vanguardia, desde la creación de un chatbot de atención al cliente hasta un compañero de conversación entretenido o un amigo de productividad, nunca ha sido tan fácil ni tan accesible crear IA conversacional.

Entonces, ¿cómo se crea un chatbot y qué se necesita para que sea convincente (durante unos meses)?

Siga este proceso paso a paso y conozca los elementos clave que hacen que un chatbot de IA parezca conversacional y útil.

1. Defina el objetivo de su chatbot.

Antes de profundizar en los aspectos técnicos, debe definirse la función fundamental de un chatbot. Puede tener un chatbot para responder a consultas de atención al cliente, algunas preguntas de navegación para un sitio web, consultas generales relacionadas con otra cosa o simplemente para entretenerse.

Es importante averiguar cuál era el objetivo que esperabas cuando lo creaste, y a partir de ahí, el estilo del CHATBOT en tono y lenguaje se determinará a través de las respuestas que proporcione.

2. Elige la plataforma y las herramientas adecuadas.

Una vez definido el propósito, ya puedes elegir las herramientas y plataformas que darán vida a tu chatbot. Hoy en día, prevalecen muchas opciones, pero en el mundo práctico se pueden observar dos enfoques fundamentales.

Chatbots basados en reglas: este tipo de bots se basan en algunas reglas y respuestas. Con un guion, funcionan mejor para interacciones sencillas y claras. Por ejemplo, un bot que pregunta preguntas frecuentes se basa en reglas porque mantendrá una búsqueda de palabras clave en la entrada del usuario y dará una respuesta de una base de datos donde está cargada la respuesta.

• Chatbots basados en GPT: bots de IA que generan respuestas utilizando sofisticados modelos GPT-3 o GPT-4. Cuando lo hacen, analizan una mayor variedad de consultas y pueden hacerlo en lugar de seguir reglas rígidas. Esto es perfecto para ti cuando la historia necesita ser más conversacional y puede manejar conversaciones complejas/altamente inestables.

Dialogflow, Rasa y Botpress son solo algunas de las plataformas que le permiten conectar fácilmente chatbots de IA con tecnología de voz a través de un sitio web o aplicación móvil y redes sociales. Servicios como los modelos GPT de OpenAI proporcionan acceso a un excelente PLN, lo que le permite desarrollar chatbots con un diálogo adecuado similar al humano.

3. Diseño de conversaciones y respuestas.

Para que su chatbot sea interesante y natural, debe trabajar de forma conversacional, como el diseño.

Cómo un usuario pasará el bot y qué sonidos de respuestas humanas deben estar junto con miradas naturales.

Primer paso: Enumere aquí las consultas y respuestas más comunes de los usuarios. Un bot debe ser capaz de entender la consulta si un usuario pregunta, por ejemplo, «¿A qué hora abren?» y responder con la respuesta adecuada, «Abrimos de lunes a viernes, de 9 a. m. a 5 p. m.». ¿Qué pasa con las preguntas complejas? ¿El usuario se pone quisquilloso?

Los modelos de IA, por ejemplo, GPT-3, pueden interpretar y dar sentido a la intención del mensaje de un usuario, dando respuestas más conscientes del contexto. El chatbot no es un guion codificado y puede proporcionar respuestas más conscientes del contexto. Podrías decir: «Siento mucho que estés tan molesto. ¡Déjame ayudarte con eso!». Utiliza un tono un poco más monótono, pero humano y accesible.

4. Entrena a tu chatbot.

Entrenar un chatbot, ya sea que esté utilizando una solución basada en reglas o impulsada por IA, es clave para una parte sustancial del proceso. Para los bots basados en reglas, esto significa configurar respuestas predefinidas y crear árboles de decisión para cada posible ruta de conversación.

Los chatbots que utilizan IA deben entrenarse en grandes conjuntos de datos para que el modelo aprenda a responder a diferentes escenarios tal cual.

Puede ser difícil, pero este proceso es fundamental para aumentar el conocimiento y la producción de tu bot para el aprendizaje de modelos de pocas repeticiones como GPT-3 en chatbots de IA (por ejemplo, asistencia sanitaria, soporte técnico, etc.). El bot será más complejo y pulido en la respuesta a cada punto de datos e interacción en el modelo.

6. Prueba e iteración.

La creación de una IA conversacional es un proceso iterativo. Una vez creado el bot, asegúrese de probarlo a fondo. Interactúe con el bot de manera que el usuario pueda ver si puede responder correctamente y ayudar. Pregunte todo lo que pueda en diversidad para descubrir sus limitaciones y comentarios.

Supervise las áreas en las que el bot falla en las pruebas, como malas interpretaciones, falta de personalización y respuestas genéricas.

6. Escalado e implementación.

Después de que su chatbot haya sido probado y pulido, es hora de implementarlo. Todas las plataformas tienen métodos de integración simples para la web, aplicaciones o servicios de mensajería como Facebook Messenger, Slack, WhatsApp, etc. Verifique la disponibilidad del bot en vivo y monitoree su progreso.

Tu chatbot empezará a hacerse popular y tendrás que ampliarlo para soportar un alto número de interacciones de usuarios cada trimestre. La mayoría de los chatbots con tecnología de IA pueden ampliarse para hacer frente a grandes volúmenes de usuarios sin necesidad de seguir reprogramándolos. Por lo tanto, presta atención a las métricas de rendimiento y a la satisfacción de los usuarios con los que se utiliza el chatbot.

7. Observa y mejora la experiencia del usuario.

Supervise las conversaciones para identificar obstáculos, registrar problemas recurrentes y comprobar si los usuarios piden indicaciones. Podemos actualizar los chatbots de IA aprendiendo de sus conversaciones pasadas para que se vuelvan más inteligentes y mejores soluciones con el tiempo.

Por ejemplo, los usuarios solicitan con frecuencia una función que su bot no puede ofrecer y usted desea añadir esa capacidad para aumentar la satisfacción del usuario. Además, el chatbot utilizará algoritmos de aprendizaje automático para crecer emocionalmente y ser más inteligente con el contexto.

Un chatbot es un primer desafío técnico perfecto (si no un buen proyecto para empezar a construir con tus habilidades recién adquiridas), pero puede ser algo desalentador al principio. Si quieres construir un chatbot para el trabajo o el placer, la diversidad y las capacidades de GPT-3 y GPT-4 hacen que crear una verdadera IA conversacional sea prácticamente fácil.

Un bot asistido por IA que responde a la pregunta, interactúa con el usuario y añade valor real al concentrarse en los requisitos del usuario y entrenarse constantemente para hacer que el bot sea flexible. Tu chatbot puede convertirse en tu mejor amigo si tienes un poco de creatividad, es decir, si realmente chateas y te sientes natural.

CAPÍTULO 9: GENERAR ESCRITURA CREATIVA, DESDE RELATOS CORTOS HASTA POEMAS.

La escritura creativa es un mundo amplio y en constante expansión en el que puedes crear historias complejas o expresar lo que sientes a través de poemas. La IA puede ser utilizada por un escritor profesional o un novato para generar ideas que rompan el bloqueo del escritor o ayudarte a redactar tu borrador.

Pasos para utilizar la IA como ayuda para escribir.

1. Ponga en marcha su creatividad.

Escribir de forma creativa siempre empieza por la parte más difícil: crear esa chispa inicial. Bueno, puede que tenga el tema que quiere abordar, pero el problema es escribirlo. La IA marca una gran diferencia en este sentido. La IA puede darle una buena frase inicial, un esquema y un resumen para iniciar su proceso creativo.

Si estás escribiendo una historia corta y no sabes cómo hacerlo, al menos puedes darle tus personajes a la IA describiéndolos brevemente, diálogos, escenas o frases de apertura completas para empezar, que puedes dar forma; te sacará de la rutina en un abrir y cerrar de ojos y hará fluir la creatividad para que escribir no parezca una tarea abrumadora.

2. Escribe poesía que resuene contigo.

Escribir puede ser poderoso e intimidante al mismo tiempo, especialmente la poesía. La esencia del poema es a menudo su ritmo, metáfora y voz. Con sus funcionalidades, la IA puede ayudarte a experimentar con diferentes estilos, tonos y formatos para descubrir qué provoca tu mayor respuesta emocional o temática.

La IA puede generar poesía en muchos estilos, desde haikus hasta verso libre e incluso poetas que admiras. No tiene sentido para los humanos. Puedes decirle a la IA qué tema o algunas palabras tienes en mente y ella redactará líneas como alguien que puede encadenar frases.

Por ejemplo, podrías pedir un poema sobre el amor, la naturaleza o la pérdida y hacer que te escupa versos que suenen como los de un poeta reflexivo.

Imagina que quieres encontrar un pareado que rime con una agradable, alegre y cálida tarde de verano. La IA podría sugerir:

«La aureola solar se hunde lenta y suavemente, proyectando sombras donde caen las flores».

Siempre puedes pulir y desarrollar estas ideas o utilizarlas para iniciar tu viaje hacia la poesía. El límite es el cielo y la gente puede utilizar la IA para crear poesía que transmita emociones con su mente creativa.

3. Narración de historias/Escritura de ficción.

Un gran aliado para los escritores de ficción es la IA, que puede ayudarnos a escribir un borrador de la historia dándonos ideas de tramas divertidísimas, creando personajes e incluso inventando diálogos. Piensa en la posibilidad de conectar una premisa mínima. Tal vez quieras un detective que resuelva un misterio en un pueblo pequeño, y la IA puede proporcionarte un esquema completo e incluso responder a tu primer borrador.

Experimente con todos los géneros: romance, ciencia ficción, fantasía e incluso ficción histórica, solo para ver qué ideas surgen. ¿La IA, que construye mundos? La IA puede dar mundos y lugares para vivir que parezcan reales.

Por ejemplo, si estás escribiendo tu fantasía y buscas una nueva especie de criatura en ese mundo que has estado creando, puedes pedir fácilmente una descripción generada por IA de una raza de dragones. Producirá una IP de los rasgos, comportamientos o historias de fondo de tus criaturas.

La IA puede incluso escribir diálogos al estilo de los personajes que caracterizas, con una comprensión del contexto [1]. Esto es perfecto para el tipo de sonido en tu escritura de diferentes personalidades. Esto es algo que puedes pedirle a la IA que cree un diálogo entre dos personajes, como un sabio mentor y su emocionado alumno, y genera respuestas de acuerdo con las personalidades que especificaste.

4. Refinamiento y herramientas para mejorar la escritura.

La IA es un instrumento increíble para refinar y amplificar tu escritura creativa. La IA puede ayudarte a leer y mejorar tus poemas o historias una vez que hayas escrito algo.

Puede automatizar sinónimos a lo largo de una definición, sugerir reformulaciones de oraciones o incluso indicar mejoras en tu escritura. A veces, necesitas comentarios sobre tu escritura para verla de nuevo con frescura. La objetividad de la IA puede darte las pautas para editar tu trabajo sin prejuicios para hacerlo más completo.

5. Acabar con el bloqueo del escritor.

Todos tenemos días en los que la inspiración se apaga y la escritura se seca. Afortunadamente, con la ayuda de la IA, estos momentos difíciles se vuelven mejores. Si estás de bajón y no sabes qué escribir a continuación, puedes [pedirle] a la IA que se encargue de tu próximo párrafo, que piense en formas de resolver tu trama e incluso que genere una idea completamente nueva.

Cuando necesites ideas, la IA te ayudará (rellena el espacio en blanco: ¿Si estás trabajando en una novela de fantasía y necesitas saber qué escribir a continuación? Por ejemplo, tal vez tu protagonista se encuentra en una encrucijada importante y la IA dice:

«El héroe descubre un mapa oculto con un tesoro secreto, pero también problemas».

Esta sugerencia abrirá ahora un nuevo capítulo en tu escritura.

6. Sugerencias y desafíos de escritura relacionados.

Para los adictos a los desafíos y los que buscan inspiración para escribir, la IA puede escupir algunas sugerencias de escritura específicas de un género o tema. ¿Necesitas ayuda para escribir algo distópico postapocalíptico o histórico? Solo tienes que pedirle a la IA que te genere una sugerencia. También puedes utilizar la IA para ejercicios de escritura creativa: escribe como este o como el estilo de un autor y empareja dos géneros diferentes.

Puedes preguntar a la IA para que te dé una pista de escritura de misterio y romance. Por ejemplo, «Un detective desarrolló un gusto por la sospechosa en este caso de asesinato, pero cuanto más investiga, posiblemente nadie de quien se enamora es la otra cara de una pieza (giro). Esta pista puede filtrar algo de inspiración en lo que necesitas para empezar tu próximo proyecto.

Uno de los aspectos interesantes de la IA para la escritura creativa es que no le quita su papel creativo como artista humano. En cambio, amplía sus medios a los ojos de los demás y le lleva de un lugar interminable a la inspiración. Si está escribiendo una novela, componiendo un poema o haciendo una lluvia de ideas para presentar sus pensamientos, la IA le ofrece la herramienta y la libertad para llevar su creatividad al extremo.

No se trata de dejar de lado tu voz, sino de permitirte iterar nuevos pensamientos y romper estancamientos creativos, llevando la escritura a lugares que nunca creíste posibles. Disfruta de las posibilidades y utiliza la IA como tu coach de escritura que desbloquea todo tu poder creativo.

CAPÍTULO 10: ESCRIBIR Y PROBAR CÓDIGO CON GPT-3/4 EN PLAYGROUND.

OpenAI Playground es una interfaz maravillosa que te permite jugar con modelos impulsados por GPT-3 o incluso GPT-4 y escribir código de prueba. Existe el Playground; no importa si eres un novato en programación o un profesional que quiere acelerar su proceso de creación de código, sirve como un lugar sencillo donde puedes generar código y luego verlo en vivo.

Uso de GPT-3/4 para codificación.

Después de acceder al Playground por primera vez, verás una interfaz sencilla en la que se introduce texto y la IA trabaja contigo. Todo lo que tienes que hacer para empezar a escribir código es mostrarle a GPT-3 o

GPT-4 una entrada en lenguaje natural que contenga lo que quieres lograr con tu programación.

Por ejemplo, si quieres crear una función Python sencilla para una sentencia if para encontrar un número primo, puedes probar algo como esto:

Escriba una función de Python que determine si un número de entrada es primo.

En cuestión de segundos, el modelo escupe algo de código después de que usted lo solicite. Este es un ejemplo de lo que podría ser el resultado,

```python
def is_prime(num):
    if num <= 1
        return False
    for i in range 2, int(num ** 0.5) + 1
        if num % i == 0
            return False
        return True
```

Esta salida rápida le ayudará a empezar directamente sin tener que escribir todo desde cero.

Código de prueba de Playground.

Generar código está bien, pero probarlo es obligatorio para garantizar que sea correcto. Aunque Playground es genial, carece de un entorno de ejecución de código directo, por lo que no se puede ejecutar el código en su plataforma. De todos modos, utilizaremos GPT-3/4 para ayudarte con código que se pueda probar en otro lugar.

Dominar GPT-3/4 para probar código.

Paso para depurar: si tu código no funciona, introdúcelo en el Playground; GPT-3/4 te preguntará cuál es tu intención cuando escribas una ayuda paso a paso para depurarlo.

Puedes ofrecer una sugerencia como «¿Cuál es el error en este código Python y consejos para depurarlo?», lo que te llevará a correcciones útiles. Un modelo GPT-3/4 puede inspeccionar el código y proporcionar una pista de lo que probablemente esté roto para que conozcas los errores comunes.

• Pruebas unitarias: si necesitas asegurarte de que tu código funciona, pídele a GPT-3/4 que realice las pruebas unitarias que has codificado.

Por ejemplo, supongamos que has creado una función y luego le has dado este mensaje a GPT-3/4: «Ahora escribe pruebas unitarias para la función is_prime en Python»."

Esto puede hacer que el modelo genere pruebas como:

```python
import unittest.

class TestPrimeFunction(unittest.TestCase):
    def test_prime(self):
        self.assertTrue(is_prime(5))
        self.assertFalse(is_prime (4))

    def test_edge_cases(self):
        self.assertFalse(is_prime(1))
        self.assertFalse(is_prime (0))


if __name__ == '__main__':
    unittest.main()
```

Esto garantiza que su código funcione con casos típicos, usos estúpidos y condiciones límite.

Optimización del código para el rendimiento.

Cuando su código funcione, puede intentar modificarlo. GPT-3/4 le ayuda a mejorar el rendimiento de su código. Por ejemplo, el simple «Optimizar esta función de Python para un mejor rendimiento» puede generar cursos para hacer que su código sea más compacto, rápido o legible.

Pulir el código.

A medida que avances con el código, puedes volver a utilizar GPT-3/4 para mejorarlo. Pide ajustes en la estructura y la accesibilidad o que se adhieran a las mejores prácticas. De este modo, podrás crear un código limpio y eficiente mientras implementas tus funciones y recibes los comentarios de la IA.

Proceso iterativo.

Una de las principales ventajas de GPT-3/4 en Playground es que te permite escribir código iterativo. La IA te ayudará a perfeccionar tu código de forma interactiva probando nuevas soluciones y aportando nuevas ideas una y otra vez. En última instancia, esto significa codificar más rápido, mejor y de forma más inteligente.

He creado una muestra de código utilizando una herramienta de generación de texto y quiero probar la generación de nuevas características o cambiar el comportamiento de alguna función. Para GPT-3/4, debes cambiar el mensaje y el modelo ofrecerá un código actualizado que tenga en cuenta tus nuevas especificaciones.

Empoderar al desarrollador.

Los principiantes encuentran que Playground es una increíble cartilla para aprender. Esto te permite jugar con conceptos de codificación y experimentar con la codificación. GPT-3/4 te guiará, paso a paso, para que comprendas la sintaxis y sepas cómo crear las estructuras más básicas.

Playground para los veteranos acelera su desarrollo, ya que realiza todas las tareas monótonas, como depurar código o crear soluciones con bastante rapidez. Ofrece un sólido asistente de IA capaz de todo, desde generar código repetitivo hasta simplificar algoritmos enrevesados.

Tanto si está empezando como si es un desarrollador experimentado que intenta optimizar su proceso, la aplicación de GPT-3/4 en Playground encarna el poder que realmente cambia la forma en que codificamos y probamos nuestro código.

CAPÍTULO 11: CONTROL DE RESPUESTAS CON MODIFICADORES Y EJEMPLOS.

Cuanto más te sumerjas en el Playground de OpenAI, más te darás cuenta de que la plataforma ofrece ajustes expertos (por lo tanto, puedes controlar el resultado del modelo). Modificadores: estos ajustes (llamados modificadores) son impresionantes; pueden adaptar mejor el resultado de manera más precisa. Te ayudarán a dirigir las respuestas del modelo más cerca de tus especificaciones en cuanto a tipo (tono), creatividad, longitud o género.

En este capítulo, profundizaremos un poco más en algunos de los principales modificadores y en cómo utilizarlos eficazmente para que puedas generar los estilos de respuesta que deseas.

1. Temperatura.

Uno de los factores cruciales que se pueden depurar es la temperatura. Estos consejos son para el modificador más importante. Cambia el grado en que el modelo responde a la aleatoriedad o la creatividad. Se utiliza para ajustar las respuestas para que sean predecibles por la máquina o creativas.

• Temperatura baja (0,0-0,3): si se establece demasiado baja, la salida del modelo será más enfocada/determinista. Para respuestas más fáciles que no contengan sorpresas, es ideal para obtener respuestas simplemente básicas o basadas en hechos.

Una temperatura baja, por ejemplo, pedir una definición de «aprendizaje automático», daría una respuesta exacta y fáctica.

• Temperatura alta (0,7 ~ 1,0): Este ajuste hará que el modelo encuentre respuestas creativas y explore varias posibles. Excelente para casos de uso creativo (ya sea escribir una historia, generar ideas y contenido variado).

Por ejemplo, si le pides a tu modelo que escriba una trama para un cuento a una temperatura más alta, será más variada e incluso fantástica.

El ajuste de temperatura es la forma de refinar el equilibrio entre la creatividad y la perfección para que las cosas sean exactamente como las quieres para lo que buscas.

2. Fichas máximas.

Número de tokens que el modelo puede producir con una respuesta. Este es el límite de lo que el modelo puede producir (es decir, cuántos caracteres, en términos tan pequeños o grandes como son las palabras).

Tokens máximos cortos: si necesita respuestas en vano, establezca menos tokens máximos. Un recuento de tokens bajo dará lugar a un lenguaje sencillo para una definición rápida.

Si, por ejemplo, solo busca la definición o el resumen, un valor máximo de tokens más bajo, por ejemplo, 1024, hará que la respuesta sea breve.

E. Por ejemplo, si se pide una pequeña «breve descripción del sistema solar», se obtendrá una respuesta rápida (50-100 palabras) si los tokens máximos se establecen en un valor pequeño.

• Long Max Tokens: Si estás produciendo formularios más largos, como artículos, ensayos o descripciones detalladas, un límite de tokens más alto Long Values.

Ejemplo: Una solicitud de «Finanzas personales 101» con el máximo de tokens habilitado generará una respuesta exhaustiva, más larga y más detallada.

La configuración de tokens máximos puede gestionar lo cortas o largas que crees que deben ser tus respuestas, lo cual es útil para atenuar el flujo de conciencia.

3. Top_p (muestreo de núcleo)

Top_p controla el nivel de aleatoriedad en las respuestas a la selección de palabras del modelo y opera sobre un conjunto restringido de candidatos posteriores de alta probabilidad.

Se obtiene un resultado más enfocado y predecible cuando se utiliza un valor top_p más bajo porque el modelo decidirá entre menos alternativas. Un top_p más alto permite al modelo extraer palabras de una selección más amplia de posibles resultados, lo que puede dar lugar a resultados más creativos y variados.

• 0,1-0,3 Top_p bajo: se utiliza para configurar el modelo con las palabras más probables de entre las disponibles para que la respuesta suene más coherente y menos sorprendente. Funciona sobre todo para tareas más lógicas o fácticas.

Ejemplo: Si se requiere una charla científica o detalles técnicos con un top_p bajo, se obtendrá una respuesta meditada que es un hecho claro, frío y duro.

• Top_p alto (0,7 a 1,0): Top_p = afloja aún más la reducción de opciones y permite al modelo un mayor alcance para buscar palabras o ideas. Esto es súper impresionante para trabajos más creativos (como escribir ficción o idear soluciones extrañas a problemas)

Ejemplo: Pides una «historia de dragones» con top_p alto; el resultado será muy extravagante e inspirado.

Top_p y temperatura te dan un muy buen control sobre cuán creativa o estructurada debe ser la respuesta.

4. Penalización de frecuencia y penalización de presencia.

Estos dos ajustes ayudarán a limitar la repetición de respuestas en el modelo:

• Penalización de frecuencia: Un modificador para disminuir la posibilidad de que el modelo simplemente repita las mismas palabras. Cuanto más alto, menos se utilizará la misma palabra o frase en una secuencia (también conocida como penalización).

Por ejemplo, al escribir un poema o escribir libremente y el modelo se atasca repitiendo los mismos conceptos, un aumento de la penalización de frecuencia en el área +ve impulsará un lenguaje más diverso por parte del modelo.

• Penalización de presencia: Lo contrario a estar demasiado cerca de un tema anterior, esto empujará al modelo a aportar cosas nuevas. Una mayor penalización de presencia significa que el modelo nos está empujando más a desarrollar nuevas ideas.

Ejemplo: Si le dices al modelo que escriba un cuento sobre un viaje, la penalización por presencia sugiere que el modelo refleje el viaje de manera diferente en lugar de visitar repetidamente los mismos lugares o ideas.

Esto ayuda a mantener las cosas frescas y diversas en respuestas de salida más largas / tareas creativas, que son ambas penalizaciones.

5. Secuencias de parada.

Bueno, las secuencias de parada te permiten decirle al modelo cuándo dejar de escupir texto. Esto es especialmente útil para limitar la forma y la longitud de salida. Puedes incluir una o más secuencias de parada, por ejemplo, una palabra, una frase corta o una puntuación, para indicar que la respuesta se ha completado.

Ejemplo: Usa «FIN DEL DIÁLOGO» en la secuencia de parada any para indicar al modelo que aquí es donde debe terminar de generar esta frase en un diálogo que estás escribiendo.

Las secuencias de parada son fantásticas para afinar cuándo y dónde debe detenerse la salida para que esta esté dentro de los espacios definidos.

Estos ajustes serán más útiles cuando utilices ajustes avanzados y modificadores en Playground en OpenAI. Estos ajustes te dan exactamente lo que necesitas para empujar los límites de la buena respuesta real frente a la respuesta creativa/imaginativa que deseas.

Juega con la temperatura, los tokens máximos, top_p y otros parámetros y maravíllate con las respuestas mejoradas. Cuanto más juegues con estos ajustes avanzados, más control tendrás para ajustar una salida de alta calidad.

CAPÍTULO 12: INTEGRACIÓN DE GPT-3/4 CON SUS BASE DE CÓDIGO EXISTENTES Y APLICACIONES DEL MUNDO REAL.

Combinar GPT-3/4 en sus proyectos y bases de código actuales en aplicaciones del mundo real es una de las formas más eficaces de añadir capacidades al proyecto.

Puede incorporar fácilmente modelos de OpenAI, ya sea trabajando en una aplicación web o de escritorio (o cualquier otra solución tecnológica) y funcionalidades basadas en IA como el procesamiento del lenguaje natural, capacidades de bot, generación de código, etc.

Cómo empezar por la integración de GPT-3/4, scripts de muestra para añadir algo de sabor a su edificio.

1. Obtención de las credenciales de la API de OpenAI.

El paso inicial a realizar, antes de la integración, es permitir la API de OpenAI, un proceso muy sencillo en el que debe registrarse para obtener una clave API de OpenAI. A continuación, puede llamar al modelo, por ejemplo, (GPT-3 o GPT-4) utilizando su lenguaje de programación favorito con esa clave.

Los SDK están disponibles para las bibliotecas oficiales de OpenAI en los entornos de programación más comunes disponibles. Las bibliotecas openai (Python) u openai-node (JavaScript) le proporcionan un controlador para realizar llamadas al modelo y obtener las respuestas que luego puede incluir en su código.

Por ejemplo, para Python, instale OpenAI mediante el paquete pip:

Pip install openai.

Después, puede autorizarse y empezar a hacer llamadas a las solicitudes para obtener resultados de texto, responder preguntas o añadir funcionalidad de IA incorporada a su aplicación existente.

2. Elegir el punto final adecuado.

Y con la API de OpenAI, elegir el modelo adecuado para sus propósitos se vuelve importante. GPT-3 y GPT-4 tienen diferentes puntos fuertes, lo que hace que la elección de uno dependa de cómo planee utilizar su modelo. GPT-3 es rápido e increíblemente veloz para la mayoría de las tareas; GPT-4 ofrece más precisión y comprensión compleja, en particular para consultas adicionales o ejecuciones intrincadas.

Puede utilizar los puntos finales text-DaVinci-003 (GPT-3) o GPT-4 para generar texto en su aplicación (dependiendo de si sus acciones son relativamente ligeras). Tenga cuidado con los límites de solicitud, la latencia y los costes asociados al elegir entre modelos.

1. Integre las llamadas a la API en su código base.

Ahora, pasamos a añadir llamadas a la API a su código base. Se puede hacer añadiendo GPT-3/4 a su aplicación, por ejemplo, en servicios de back-end, interfaces de usuario de front-end o funciones sin servidor. Por ejemplo, podría enviar alguna entrada de usuario a la API de la aplicación de chatbot y devolver la respuesta de IA al usuario.

Ejemplo en Python:

```
import openai.

openai.api_key = «tu-clave-api»

response = openai.Completion.create(

engine=»text-davinci-003», # O usa GPT-4 para una
mayor precisión.

prompt=«Traducir "Hola" al español»,

max_tokens=60

)

print(response.choices[0].text.strip())
```

Su back-end alimentará un prompt en prompts; escuche la salida del modelo en este caso con GPT-3. Esto puede ampliarse para incluir tareas más creativas, como crear resúmenes, escribir descripciones de productos, cambiar texto o responder a consultas de clientes.

4. vincular la IA con los componentes front-end.

Puede mejorar la experiencia de usuario, ya que el front-end permite las capacidades de la IA en una aplicación web. Por ejemplo, al crear la sección de preguntas frecuentes en un sitio web, puede emplear

GPT-3/4 para generar respuestas para el usuario. Esto implicaría que puede hacer que la IA calcule dinámicamente respuestas pertinentes a las consultas de los usuarios, reemplazando la respuesta estática.

Por ejemplo, la integración de GPT-3/4 en una aplicación React puede tener este aspecto:

```
importar React, { useState } de 'react';

importar axios de 'axios;


const ChatBot = () => {

const [userInput, setUserInput] = useState('');

const [response, setResponse] = useState ('');


const handleInputChange = (e) => {

 setUserInput(e.target.value);

};

const handleSubmit = async () => {
```

```
const result = await axios.post('/api/query', { prompt:
userInput });

setResponse(result.data.reply);

};

return (

<div>

 <input

  type="text»

  value={userInput}

  onChange={handleInputChange}

  placeholder="Hacer una pregunta»

  />

 <button onClick={handleSubmit}>Enviar</button>

 <p>{response}</p>

</div>

);

};
```

export default ChatBot;

-

En este ejemplo, cómo llamar al front-end una respuesta API que envía la entrada del usuario a GPT-3/4 y obtiene la respuesta de la IA en vivo.

5. Potenciar las funciones actuales con IA.

Una de las mejores cosas que se pueden hacer con GPT-3/4 en la integración de aplicaciones del mundo real es su capacidad para reforzar las funciones existentes. Por ejemplo, si su aplicación ya está bombeando muchos datos, utilice GPT-3 para resumir, categorizar o analizar.

Por ejemplo, tarea: los usuarios introducen tareas en la aplicación de gestión de proyectos. Puede aprovechar GPT-3 para ayudar a producir descripciones o incluso pensar en arreglar su lista de tareas. Por ejemplo, en una aplicación de comercio electrónico, GPT-3 puede ayudar a construir descripciones de productos, o un representante de atención al cliente puede automatizar las respuestas manuales para proporcionar respuestas más rápidas.

6. Prueba y escalado de su integración.

Las pruebas son vitales a la hora de conectar GPT-3/4 a su aplicación. Debe comprobar el rendimiento y confirmar si la respuesta de la IA cumple los requisitos de la aplicación. Esto incluye probar casos extremos, realizar pruebas de esfuerzo para determinar si su API puede manejar muchas solicitudes y optimizar el rendimiento.

Una vez que esté seguro de que la integración funciona, se realiza el escalado de la integración. Aunque, al igual que la API de openAI, puede manejar muchas solicitudes, debe asegurarse de que sus servicios de backend sean buenos para manejar la carga de esas múltiples API para evitar la degradación de la experiencia del usuario.

7. Garantizar el uso y manejo ético de los datos.

Al integrar la IA en aplicaciones reales, la privacidad del usuario y el pensamiento ético deben combinarse con la integración en la mayoría de las clases. Asegúrese de que los datos enviados a los servidores de OpenAI se ajustan a su política de privacidad existente y no envíe información confidencial innecesariamente.

Las aplicaciones responsables basadas en IA no solo crean valor, sino que también construyen una relación de confianza entre usted y sus usuarios.

GPT-3/4 Combinado con su antiguo código base, hará maravillas para sus aplicaciones; solo tiene que darles más inteligencia e interactividad con sus aplicaciones. Puede utilizar los modelos de OpenAI para crear chatbots, mejorar las interfaces de usuario o automatizar otros procesos.

Si utiliza bien estas funciones de IA, puede mejorar la funcionalidad de su aplicación y crear experiencias más interactivas y fáciles de usar.

CAPÍTULO 13: CREA TU PRIMERA APLICACIÓN DE IA CON LOS MODELOS DE OPENAI.

Es comprensible que crear una aplicación de IA parezca una tarea difícil, pero con el conjunto de herramientas y recursos actuales, se puede crear fácilmente. La aplicación utiliza los robustos modelos de OpenAI, GPT-3 y GPT4, para trabajar con la comprensión y generación de texto, etc. Si está creando un chatbot, una aplicación de asistencia para la redacción de contenidos o una aplicación de atención al cliente con IA, estos modelos le ayudarán con todos ellos.

Este capítulo ofrece un recorrido sobre cómo crear tu primera aplicación de IA con los modelos de OpenAI.

Paso 1: Conoce el propósito de tu aplicación.

Antes de empezar a devorar los detalles técnicos, algo debería estar claro: ¿qué quieres que haga tu aplicación? ¿Qué problema estás resolviendo? ¿Quién es tu usuario? El propósito de tu aplicación, una vez definido, te ayudará a deducir cuándo deben integrarse cosas como los modelos de OpenAI.

Por ejemplo, si quieres un chatbot para tu servicio de atención al cliente que pueda responder a las preguntas más frecuentes y proporcionar algunos temas más útiles. Saberlo de antemano te ayudará a centrarte en las características y datos que importan en tu aplicación.

Paso 2: acceso a la API de OpenAI.

Regístrate para obtener tu clave API. La clave API de la aplicación se utiliza para autenticar las solicitudes y permitirte interactuar correctamente con los modelos.

Paso 3: elige tu pila de desarrollo.

Debes seleccionar qué tipo de herramientas y tecnología utilizarás para desarrollar tu aplicación. Los modelos a través de la API de OpenAI pueden ser cualquier cosa que realice solicitudes HTTP: lenguaje de programación, Python, JavaScript (Node.js),

¡incluso funciones sin servidor! Para este ejemplo, supongamos que estás en Python.

Instala las herramientas necesarias:

Python: Tu máquina debe ejecutar Python 3.6 o superior.

Paquete OpenAI para Python: Simplemente ejecuta el comando

```
pip install openai
```

Paso 4: Realizar la primera llamada a la API.

Debes poder llamar a los modelos de OpenAI en tu aplicación de IA, que es su núcleo. Escribiremos un script para hacer una llamada API simple y generar el texto. Ese chatbot tomará la entrada del usuario y generará una respuesta, algo como:

```
import openai.

openai.api_key = «tu-api-key»

def ask_bot(pregunta):

  respuesta = openai.Completion.create(
```

```
    engine=«text-davinci-003», # o gpt-4 para tareas
más complejas.

    prompt=pregunta,

    max_tokens=150.

)

    return response.choices[0].text.strip()
```

Probar el chatbot

```
print(ask_bot(«¿Cuál es la capital de Francia?»))
```

A continuación se muestra un script básico que consulta el modelo de OpenAI y recibe su respuesta. max_tokens controla la longitud de la respuesta y usted introduce su pregunta en el prompt.

Paso 5: Diseñe su interfaz de usuario.

Después, cree una interfaz para los usuarios con los que desea interactuar con su IA. Solución: Utilice Python para crear una aplicación web o móvil. Crearemos una aplicación web básica utilizando Flask o Django si utiliza Python.

Ejemplo de una interfaz web sencilla basada en Flask para crear un bot.

Instalar Flask:

pip install flask

Crear una aplicación Flask sencilla (app.py):

```python
from flask import Flask, request, render_template.

import openai

openai.api_key = «tu-api-key»

app = Flask(__name__)

@app.route(»/«, methods=[»GET», "POST"])

def home():

 if request.method == «POST»:

  question = request.form[«question»]

  answer = ask_bot(question)

  return        render_template(«index.html»,
answer=answer)

 return render_template(«index.html»)

def ask_bot(question):

 response = openai.Completion.create(
```

```python
    engine=«text-davinci-003»,

    prompt=question,

    max_tokens=150

)

return response.choices[0].text.strip()

if __name__ == «__main__»:

app.run(debug=True)
```

Cree un archivo index.html para la interfaz de usuario:

```html
<!DOCTYPE html>

<html>

<head>

  <title>Chat with AI</title>

</head>

<body>

  <h1>¡Pregúntale cualquier cosa a la IA!</h1>

  <form method=«POST»>
```

```
<input       type=«text»       name=«question»
placeholder=«Haz una pregunta» required>

  <button type=«submit»>Preguntar</button>

</form>

{% if answer %}

  <h2>Respuesta: {{ answer }}</h2>

{% endif %}

</body>

</html>
```

Puede escribir una pregunta en un cuadro de texto, hacer clic en enviar y ver la respuesta de la IA dentro de esta aplicación Flask. Analizamos el código de fondo que utiliza la API de OpenAI para obtener una respuesta, que luego se muestra en una página web.

Paso 6: Pruebe y perfeccione su aplicación.

Después de implementar la funcionalidad, debes probar y repetir tu aplicación ahora. Esto es lo que debes tener en cuenta:

¿Es fácil de usar la interfaz?

¿Tienen sentido las respuestas de la IA y son correctas?

Manejo de errores: Asegúrate de manejar correctamente los errores en tu aplicación, incluidos los errores con claves API no válidas, problemas de red o que la IA no devuelva lo esperado.

Rendimiento: Piensa en cómo hacer muchas llamadas API de manera eficiente si necesitas que tu aplicación se escale.

Paso 7: Implementar la aplicación

Una vez que la aplicación esté localizada, es el momento de implementarla; para la web, puede utilizar servicios como Heroku, AWS o Google Cloud para implementar la aplicación. Para dispositivos móviles, todo en tiendas de aplicaciones como Google Play o Apple Appstore e implementar la aplicación. Asegúrese de probar adecuadamente todo en el entorno de implementación antes de lanzar la aplicación a sus usuarios.

Paso 8: iterar y mejorar

La IA en la aplicación está solo en el inicio. Puedes seguir mejorando la aplicación con

• Mejorar la calidad de respuesta usando el afinador de precisión.

• Añadir más funciones (agregar reconocimiento de voz y otras API).

• Recopilar los comentarios de los usuarios y mejorar la experiencia de usuario.

Crear una aplicación de IA en su modelo OpenAI suena muy bien y es una experiencia genial. Al hacer lo anterior, puede crear una aplicación relevante e inteligente que agregue valor al usuario. Las posibilidades son ilimitadas con la adaptabilidad y el poder de los modelos OpenAI, ya sea que esté creando un chatbot, un asistente, bots o esencialmente cualquier otra cosa impulsada por IA.

CONCLUSIÓN.

Al concluir esta aventura de explorar el Playground de OpenAI, podemos entender que solo hemos arañado la superficie del poder infinito que tienen los modelos de OpenAI.

Desde el momento en que entras en el Playground, ya no estás dialogando con una herramienta, sino que estás en el patio de recreo de la creatividad, la resolución y la innovación infinitas.

Supongamos que está creando aplicaciones básicas y desea experimentar con la generación de texto o adentrarse en los interesantes detalles de la programación de IA. En ese caso, Playground es su medio para dar forma, esculpir y editar ideas de una manera que nunca le pareció más fácil.

OpenAI Playground es diferente y mágico porque es fácil de usar e implementar. Ahí es donde vivía la IA, en los laboratorios intelectuales de alta tecnología o en exóticas instituciones de investigación.

El Playground es una oportunidad para que casi cualquier persona que esté lejos de ser un desarrollador experimentado, pueda probarlo con modelos de vanguardia como GPT-3, GPT-4 y Codex.

Todo lo que necesita es una mente inquieta y no dejar morir la curiosidad. Este es un reino donde personas de todo tipo pueden aprovechar las capacidades de la inteligencia artificial, participando en la gran revolución de la IA que ya está ocurriendo.

Lo más impresionante del Playground es que se pueden hacer muchas cosas con él. Con solo escribir indicaciones, las ideas son infinitas: escritura creativa, código, chatbots, aplicaciones educativas, ¡lo que sea!

El verdadero truco es cómo traducen esas abstracciones a aplicaciones del mundo real para diferentes casos de uso. Por ejemplo, esto podría ser lo más simple (y a la vez lo más difícil) en el que haces una pregunta y, a cambio, recibes una historia, una línea del código, una solución o incluso la idea completa de un nuevo producto, todo gracias a que los modelos son muy adaptables.

Pero no es solo la tecnología. Bueno, eso nos pasa a nosotros y a esta tecnología. El Playground nos obliga a ser éticos, reflexivos y cuidadosos al tratar con la IA. De los capítulos anteriores sobre equidad y sesgo, basta decir que el desarrollo responsable de la IA es importante.

Los modelos de OpenAI son enormes, pero con talento, estos poderes vienen acompañados de la obligación de utilizarlos de forma ética y en beneficio de todos. Nosotros, los creadores, desarrolladores y usuarios de esta tecnología, somos sus administradores colectivos. Por eso, establecer la equidad, la transparencia y la inclusión en los modelos que construimos y lanzamos es crucial para crear un futuro mejor.

Lo que es igualmente alucinante es que Playground allana el camino para la creatividad. Utilizando la IA, podemos esbozar nuevos mundos, nuevos espacios de solución y áreas de expresión inexploradas. Imagínese a GPT-4 escribiendo poesía (diálogo entre personajes para componer una progresión narrativa sobre la marcha).

Ya no es para artistas, autores o programadores; las cosas que antes estaban dentro de los límites ya no lo están. El arte, la literatura y la educación son posibilidades que son infinitas en los negocios. OpenAI ha derribado las barreras de una frontera creativa donde la creatividad humana coexistirá y colaborará con las máquinas para reescribir lo posible.

Si eres desarrollador y quieres proyectos similares que puedas hacer realidad, Playground es el espacio para experimentar y probar ideas antes de que estén en plena forma. Con acceso a estos modelos de vanguardia (por ejemplo, Codex), los usuarios pueden empezar a escribir y probar código o incluso crear aplicaciones/automatizar procesos a través del conducto.

Playground, con su feedback en vivo e iteraciones, es el mejor lugar para practicar tus habilidades si estás trabajando en tu primera aplicación de IA o depurando código antiguo. El Playground de OpenAI es lo que realmente hace que este lugar sea tan especial a través del potencial que invoca. Es un terreno de incubación para nutrir tus ideas, perfeccionarlas y hacer crecer tu comprensión de la IA en un solo lugar.

Cada experimento, cada nuevo aviso, cada reelaboración te acerca un paso más a dominar esta tecnología y aprovechar al máximo lo que puede hacer. Ya sea jugando con el Playground por diversión, aprendizaje o negocios, permites que las personas contribuyan con algo mucho más grande: dar forma al futuro.

En prácticamente todos los sectores de la vida, incluidos la sanidad, las finanzas, los medios de comunicación y la educación, la realidad de la IA ya se está experimentando. Sin embargo, lo que hace que la IA sea verdaderamente revolucionaria no es su capacidad para automatizar tareas o amplificar el rendimiento humano.

Su verdadera fuerza está en la chispa que enciende la creatividad humana y resuelve problemas que nunca habíamos imaginado para explorar nuevas fronteras. Playground es el camino hacia este futuro, y cualquiera, en cualquier lugar, puede comenzar su aventura en la IA.

En última instancia, explorar el Playground de OpenAI no es solo un tutorial para usar modelos de IA. Es una oferta para entrar en nuevas dimensiones de innovación, creatividad y potencial. Independientemente de la complejidad de una aplicación que esté construyendo, una obra maestra de arte que esté creando o su descubrimiento de cómo (y cómo no) la IA puede animar cada aspecto de la vida que nos rodea.

El Playground te da acceso a poderosos medios de producción y oportunidades gratuitas para convertir tus ideas en artefactos físicos. La IA es un gran destello en nuestro futuro, y tú tienes la llave de ese futuro en tus manos mientras usas OpenAI Playground, así que no te sientes y ve lo que pasa.

Serie

«Estrategias más inteligentes para los negocios modernos»

Explorando el patio de recreo de la IA abierta: desatando la creatividad con la IA

«Influencia en las redes sociales».

Aumentar su influencia en las redes sociales en Facebook.

Aumentar su influencia en las redes sociales en YouTube.

Aumentar su influencia en las redes sociales en Instagram.

Aumentar su influencia en las redes sociales en TikTok.

Aumentar su influencia en las redes sociales en Reddit.

Aumentar su influencia en las redes sociales en Pinterest.

Aumentar su influencia en las redes sociales en Twitter.

Aumentar su influencia en las redes sociales en LinkedIn.

Visite Amazon para ver más libros de esta colección.

Biografía del autor

A Aaron le apasiona leer y aprender a maximizar la rentabilidad en las redes sociales. Inspirada por sus conocimientos y entusiasmo, decidió compartir sus ideas a través de la escritura. Este libro es solo el comienzo: ¡vienen más títulos en esta colección! Asegúrese de seguirla en Amazon para mantenerse al día sobre futuros lanzamientos.

¡Gracias por su compra! Su apoyo significa realmente mucho para mí, y le agradezco profundamente como valioso lector.

Que Dios le bendiga.

Aaron Cockman.

www.ingramcontent.com/pod-product-compliance
Lightning Source LLC
LaVergne TN
LVHW051702050326
832903LV00032B/3960